Impressum
Verlag: BABADADA GmbH, Nedderfeld 112 , 22529 Hamburg
Geschäftsführer / Verlagsleitung: Harald Hof
Druck: Books on Demand GmbH, In de Tarpen 42, 22848 Norderstedt

Imprint
Publisher: BABADADA GmbH, Nedderfeld 112 , 22529 Hamburg, Germany
Managing Director / Publishing direction: Harald Hof
Print: Books on Demand GmbH, In de Tarpen 42, 22848 Norderstedt

iskola

學校

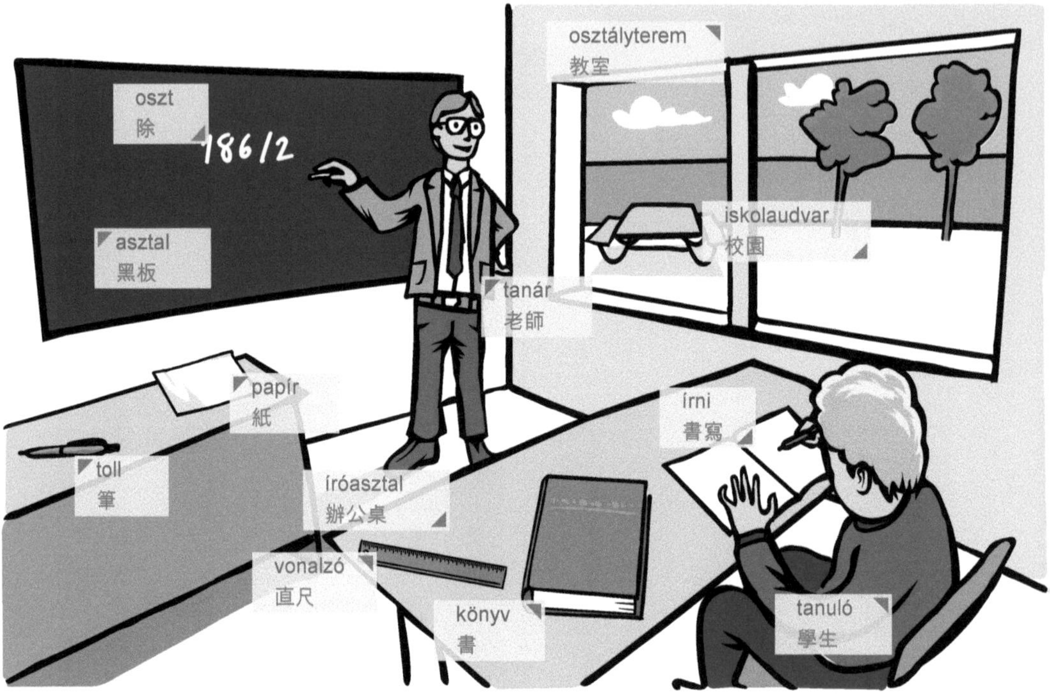

osztályterem
教室
oszt
除
186/2
asztal
黑板
iskolaudvar
校園
tanár
老師
papír
紙
írni
書寫
toll
筆
íróasztal
辦公桌
vonalzó
直尺
könyv
書
tanuló
學生

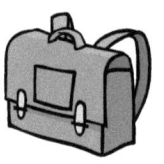

iskolatáska
書包

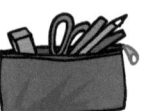

tolltartó
鉛筆盒

ceruza
鉛筆

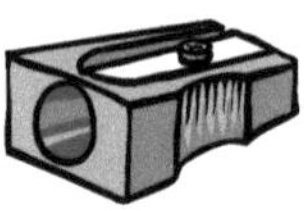

ceruzahegyező
削鉛筆機

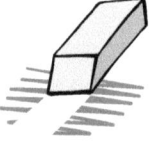

radír
橡皮擦

rajzfüzet
畫板

rajz

圖畫

ecset

畫筆

festőkészlet

顏料盒

olló

剪刀

ragasztó

膠水

munkafüzet

練習冊

házi feladat

家庭作業

szám

數字

2+2

összead

加

5-2

kivon

減

2×2

szoroz

乘

számol

計算

A

betű

字母

ABCDEFG
HIJKLMN
OPQRSTU
VWXYZ

ABC

字母表

szó

字

szöveg

課文

olvasni

讀

kréta

粉筆

tanóra

上課

napló

登記

vizsga

考試

bizonyítvány

證書

iskolai egyenruha

校服

oktatás

教育

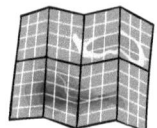

enciklopédia

百科全書

egyetem

大學

mikroszkóp

顯微鏡

térkép

地圖

papír-hulladék gyűjtő

廢紙簍

utazás
旅行

hotel
飯店
Grand
szállás
青年旅社
ROOMS
valutaváltó iroda
外幣兌換處
EXCHANGE
bőrönd
手提箱
autó
汽車

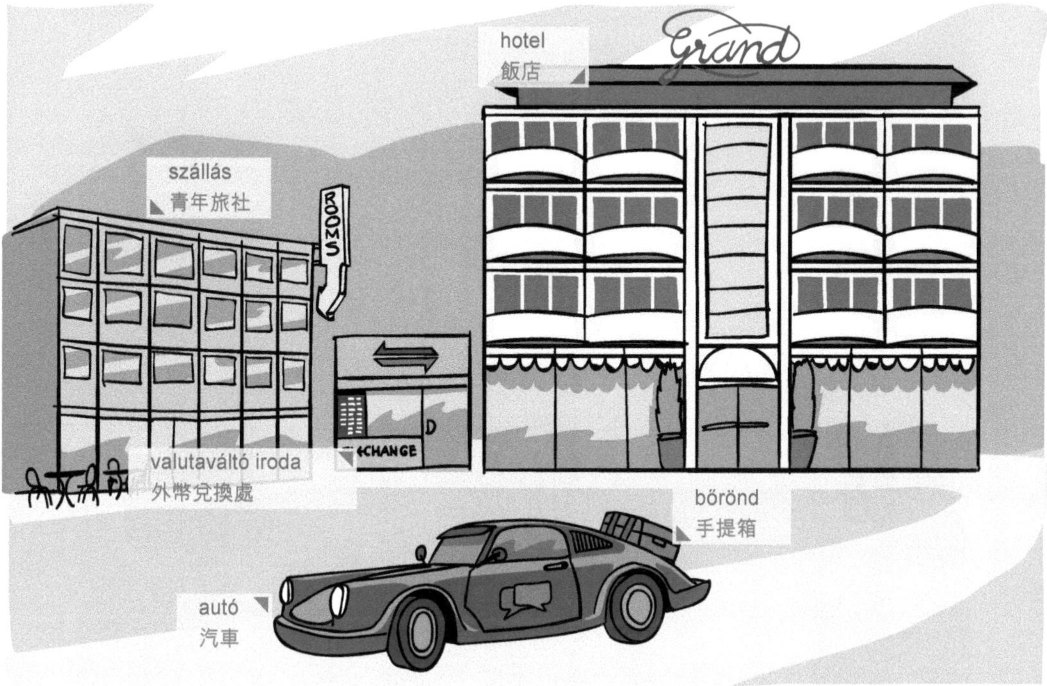

nyelv
語言

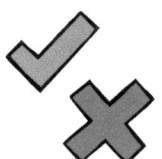

igen/nem
是/否

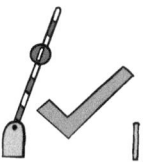

rendben
好的

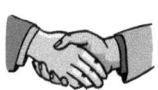

szia
您好

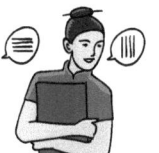

fordító
翻譯人員

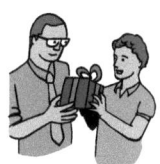

köszönöm
謝謝

mennyibe kerül...?

......多少錢？

nem értem

我不明白

probléma

問題

Jó estét!

晚上好！

jó reggelt!

早上好！

jó éjszakát!

晚安！

viszontlátásra

再見

útirány

方向

poggyász

行李

táska

包

hátizsák

背包

vendég

客人

szoba

房間

hálózsák

睡袋

sátor

帳篷

turista információ

旅行資訊

strand

海灘

hitelkártya

信用卡

reggeli

早餐

ebéd

午餐

vacsora

晚餐

jegy

票

lift

電梯

bélyeg

郵票

határ

邊界

vám

海關

nagykövetség

大使館

vízum

簽證

útlevél

護照

közlekedés
交通運送

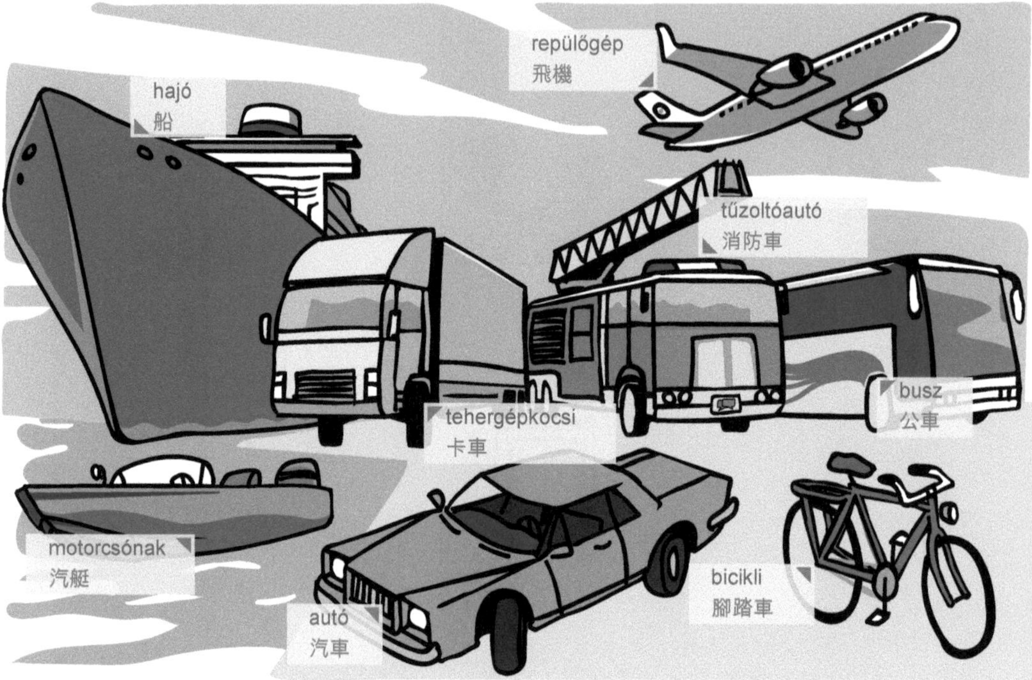

repülőgép
飛機
hajó
船
tűzoltóautó
消防車
busz
公車
tehergépkocsi
卡車
motorcsónak
汽艇
bicikli
腳踏車
autó
汽車

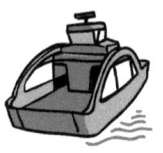

komp

渡輪

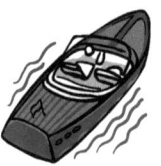

csónak

小船

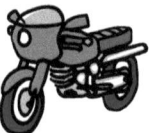

motorkerékpár

機車

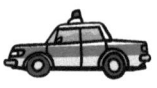

rendőrautó

警車

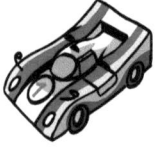

versenyautó

賽車

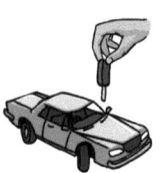

bérautó

租車

telekocsi

拼車

vontató

拖車

szemetes autó

垃圾車

motor

馬達

üzemanyag

汽油

benzinkút

加油站

közlekedési tábla

交通標識

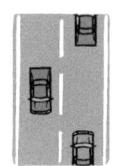

forgalom

交通

forgalmi dugó

交通堵塞

parkoló

停車場

vonatállomás

火車站

sínek

軌道

vonat

火車

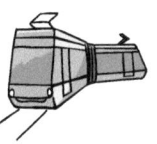

villamos

路面電車

vagon

客車廂

helikopter

直升機

repülőtér

機場

torony

塔

utas

乘客

konténer

集裝箱

kartondoboz

紙板箱

taliga

手推車

kosár

籃子

felszáll / leszáll

起飛/降落

város

城市

falu

村莊

városközpont

市中心

ház

房子

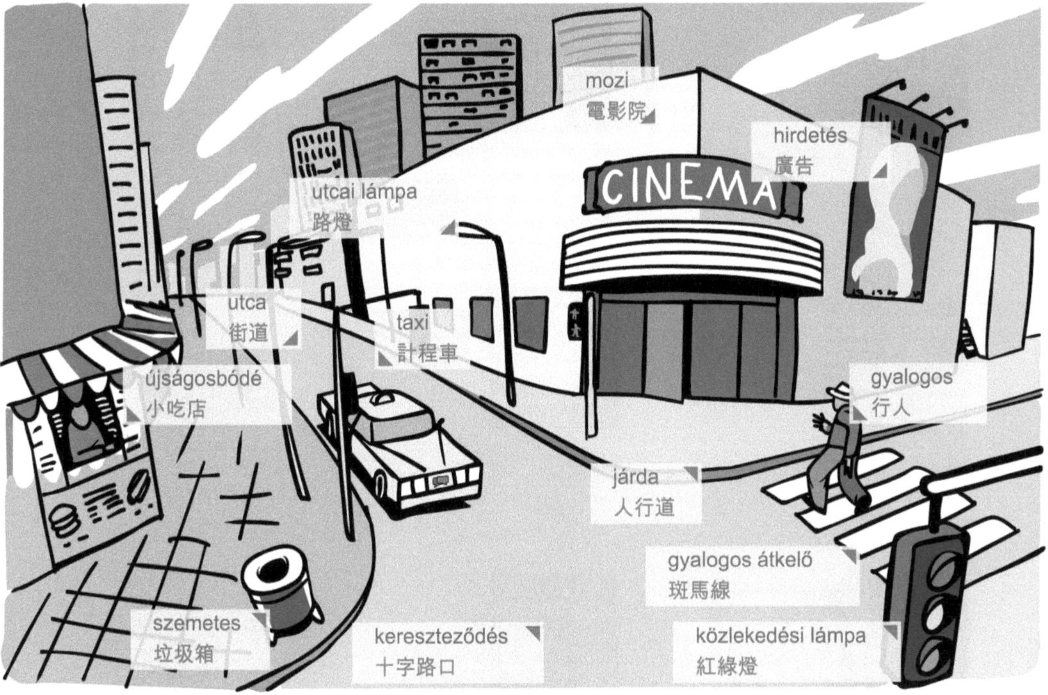

Street scene

mozi
電影院

hirdetés
廣告

utcai lámpa
路燈

utca
街道

taxi
計程車

CINEMA

gyalogos
行人

újságosbódé
小吃店

járda
人行道

gyalogos átkelő
斑馬線

szemetes
垃圾箱

kereszteződés
十字路口

közlekedési lámpa
紅綠燈

kunyhó

小屋

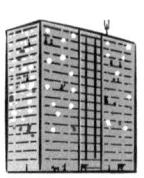

lakás

公寓

vonatállomás

火車站

városháza

市政廳

múzeum

博物館

iskola

學校

egyetem

大學

bank

銀行

kórház

醫院

hotel

飯店

gyógyszertár

藥房

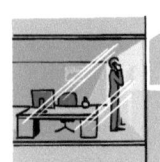

iroda

辦公室

könyvesbolt

書店

üzlet

商店

virágüzlet

花店

szupermarket

超市

piac

市場

áruház

百貨商店

halárus

魚店

bevásárló központ

購物中心

kikötő

海港

park

公園

pad

長凳

híd

橋

lépcső

樓梯

metró

捷運

alagút

隧道

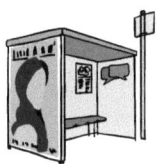

buszmegálló

公車站

bár

酒吧

étterem

餐館

postaláda

郵筒

utcatábla

路標

parkoló óra

停車計時器

állatkert

動物園

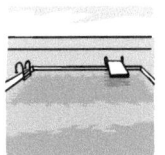

uszoda

游泳池

mecset

清真寺

gazdálkodás

農場

környezetszennyezés

污染

temető

墓地

templom

教堂

játszótér

操場

szentély

寺廟

táj
地形

levél
樹葉

útjelző tábla
指示牌

út
路

rét
草地

kő
石頭

túrázó
徒步旅行者

fa
樹

folyó
河

fű
草

virág
花

völgy

峽谷

domb

丘陵

tó

湖

erdő

森林

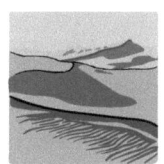

sivatag

沙漠

vulkán

火山

kastély

城堡

szivárvány

彩虹

gomba

蘑菇

pálmafa

棕櫚樹

szúnyog

蚊子

légy

蒼蠅

hangya

螞蟻

méhecske

蜜蜂

pók

蜘蛛

bogár

甲蟲

béka

青蛙

mókus

松鼠

sündisznó

刺蝟

nyúl

野兔

bagoly

貓頭鷹

madár

鳥

hattyú

天鵝

vaddisznó

野豬

szarvas

鹿

rénszarvas

麋鹿

gát

水壩

szélturbina

風力發電機

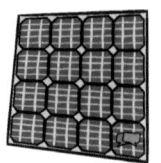

napelem

太陽能電池板

éghajlat

氣候

étterem
餐館

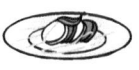

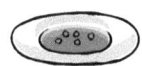

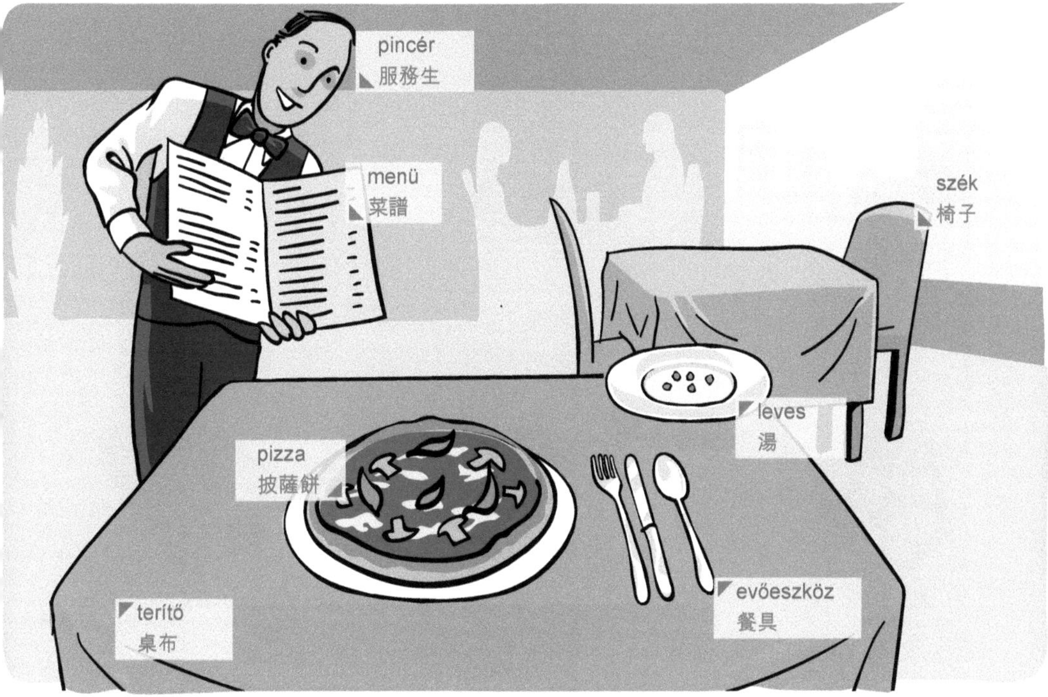
pincér
服務生
menü
菜譜
szék
椅子
leves
湯
pizza
披薩餅
terítő
桌布
evőeszköz
餐具

előétel

前菜

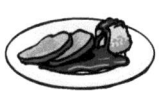

főétel

主菜

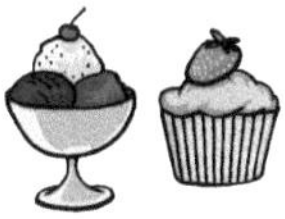

desszert

甜點

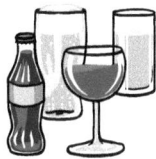

italok

飲料

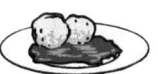

étel

食物

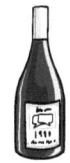

üveg

瓶子

gyorsétel

速食

gyorsétel

街邊小吃

teás kanna

茶壺

cukortartó

糖盒

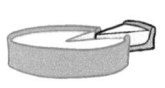

adag

一份飯菜

eszpresszógép

義式咖啡機

bárszék

高腳椅

számla

帳單

tálca

托盤

kés

刀

villa

餐叉

kanál

勺子

teáskanál

茶匙

szalvéta

餐巾

pohár

玻璃杯

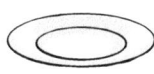

tányér

碟子

leveses tányér

湯盤

csészealj

碟子

szósz

醬

sószóró

鹽瓶

borsőrlő

胡椒研磨罐

ecet

醋

étkezési olaj

食用油

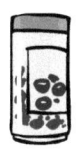

fűszerek

調味料

ketchup

番茄醬

mustár

芥末

majonéz

美乃滋

szupermarket
超市

különleges ajánlat
特價
FOR
ügyfél
顧客
tejtermék
乳製品
gyümölcsök
水果
bevásárló kocsi
購物車

BUTCHERS

hentes

肉鋪

BAKERY

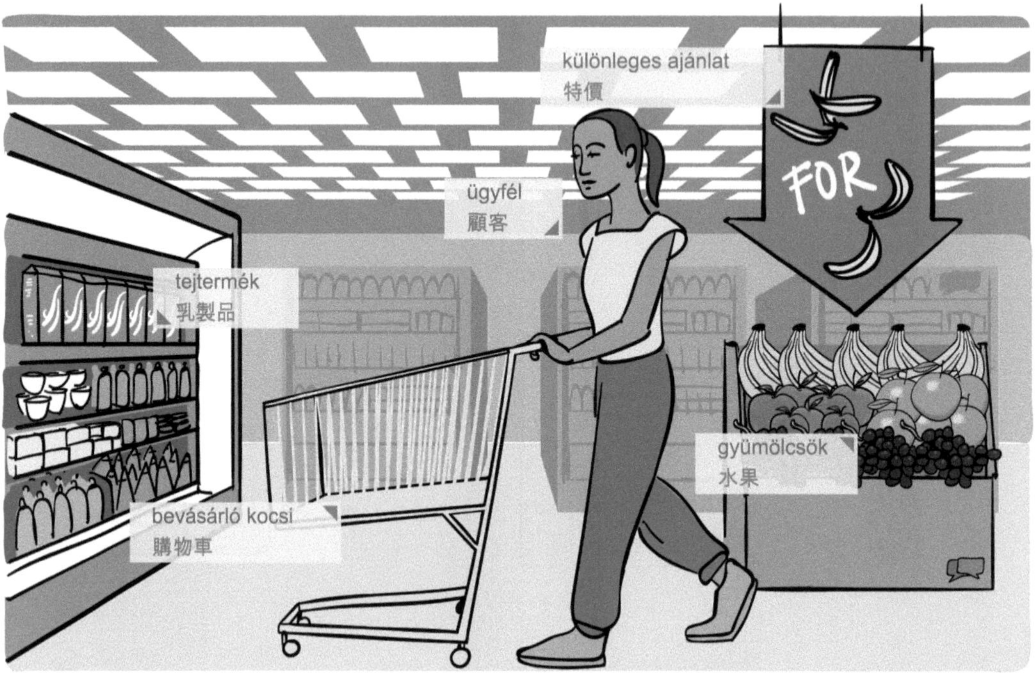

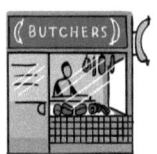

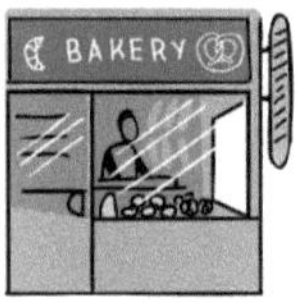

pékség

麵包店

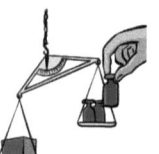

nyom valamennyit

稱重

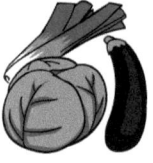

zöldség

蔬菜

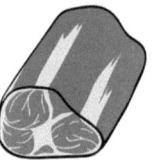

hús

肉

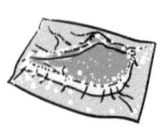

fagyasztott áru

冷凍食品

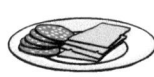

felvágott

冷盤

konzerv

罐頭食品

mosópor

洗衣粉

édességek

甜食

háztartási termék

日用品

tisztítószerek

清潔用品

eladó

銷售員

pénztárgép

收銀機

eladó

收銀員

bevásárló lista

購物清單

nyitva tartás

開放時間

levéltárca

錢包

hitelkártya

信用卡

zacskó

袋子

műanyag zacskó

塑膠袋

víz
水

gyümölcslé
果汁

tej
牛奶

kóla
可樂

bor
紅酒

sör
啤酒

alkohol
酒

kakaó
可可

tea
茶

kávé
咖啡

eszpresszó
義式濃縮咖啡

kapucsínó
卡布奇諾

banán

香蕉

narancs

柳丁

alma

蘋果

sárgadinnye

西瓜

citrom

檸檬

sárgarépa

胡蘿蔔

fokhagyma

大蒜

bambusz

竹子

hagyma

洋蔥

gomba

蘑菇

magvak

堅果

nokedli

麵條

spagetti

義大利麵

rizs

米飯

saláta

沙拉

sült krumpli

薯條

sült burgonya

炸馬鈴薯

pizza

披薩餅

hamburger

漢堡

szendvics

三明治

hússzelet

炸豬排

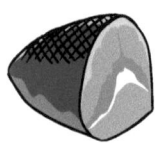

sonka

火腿

szalámi

義大利臘腸

kolbász

香腸

csirke

雞肉

pecsenye

烤肉

hal

魚

zabkása

燕麥片

müzli

木斯里

kukoricapehely

玉米片

liszt

麵粉

croissant

牛角麵包

zsemle

麵包捲

kenyér

麵包

pirítós kenyér

吐司

keksz

餅乾

vaj

奶油

túró

凝乳

sütemény

蛋糕

tojás

蛋

tükörtojás

煎蛋

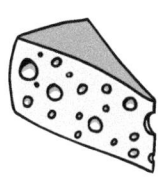

sajt

起司

jégkrém

冰淇淋

cukor

糖

méz

蜂蜜

lekvár

果醬

mogyorókrém

巧克力醬

curry

咖哩

gazdálkodás
農場

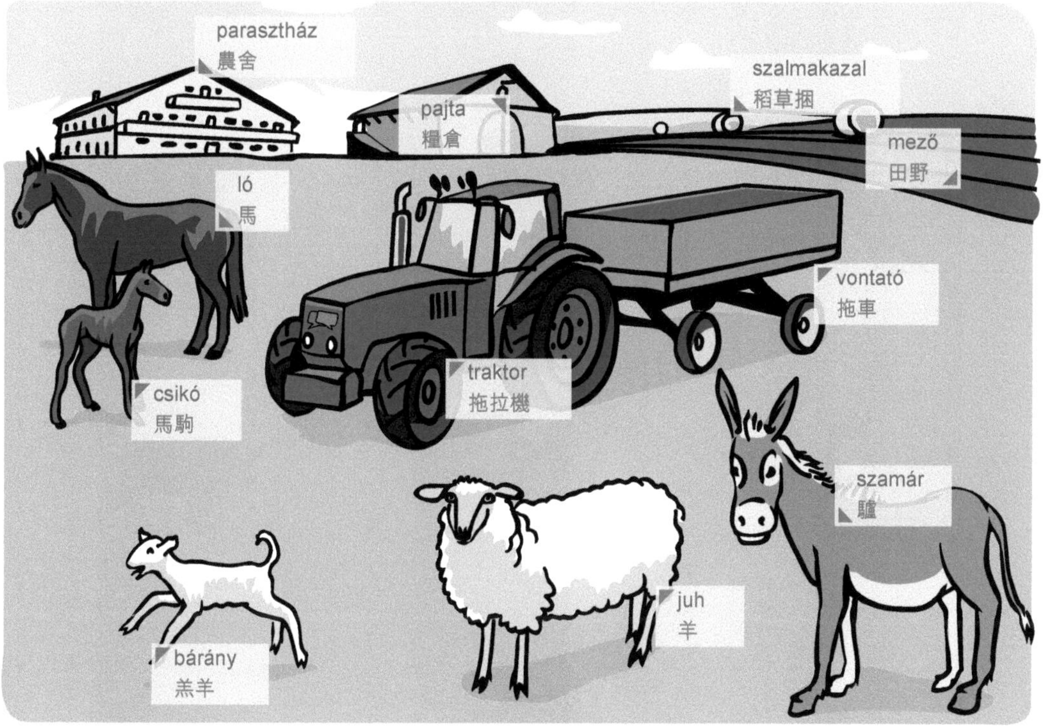
parasztház
農舍
pajta
糧倉
szalmakazal
稻草捆
mező
田野
ló
馬
vontató
拖車
traktor
拖拉機
csikó
馬駒
szamár
驢
juh
羊
bárány
羔羊

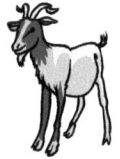

kecske
....
山羊

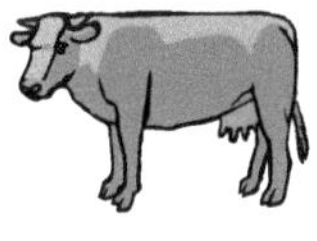

tehén
....
奶牛

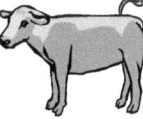

borjú
....
小牛

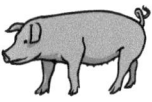

malac
....
豬

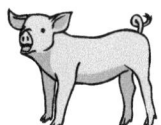

kismalac
....
小豬

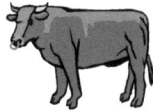

bika
....
公牛

liba

鵝

kacsa

鴨

csibe

小雞

tojó

母雞

kakas

公雞

patkány

鼠

macska

貓

egér

老鼠

ökör

牛

kutya

狗

kutyaház

狗屋

kerti öntözőcső

花園澆水軟管

öntözőkanna

澆水壺

kasza

長柄大鐮刀

eke

犁

28   gazdálkodás - 農場

sarló
鐮刀

kapa
鋤頭

vasvilla
長柄草耙

fejsze
斧頭

talicska
獨輪手推車

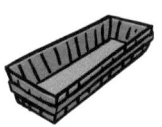

teknő
飼料槽

tejes kancsó
牛奶罐

zsák
麻布袋

kerítés
柵欄

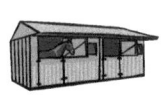

istálló
馬廄

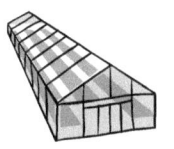

üvegház
溫室

talaj
土壤

vetőmag
種子

trágya
肥料

cséplőgép
聯合收割機

szüretelni

收割

betakarítás

收割

yamgyökér

地瓜

búza

小麥

szója

大豆

burgonya

土豆

kukorica

玉米

repcemag

油菜籽

gyümölcsfa

果樹

manióka

樹薯

gabona

穀物

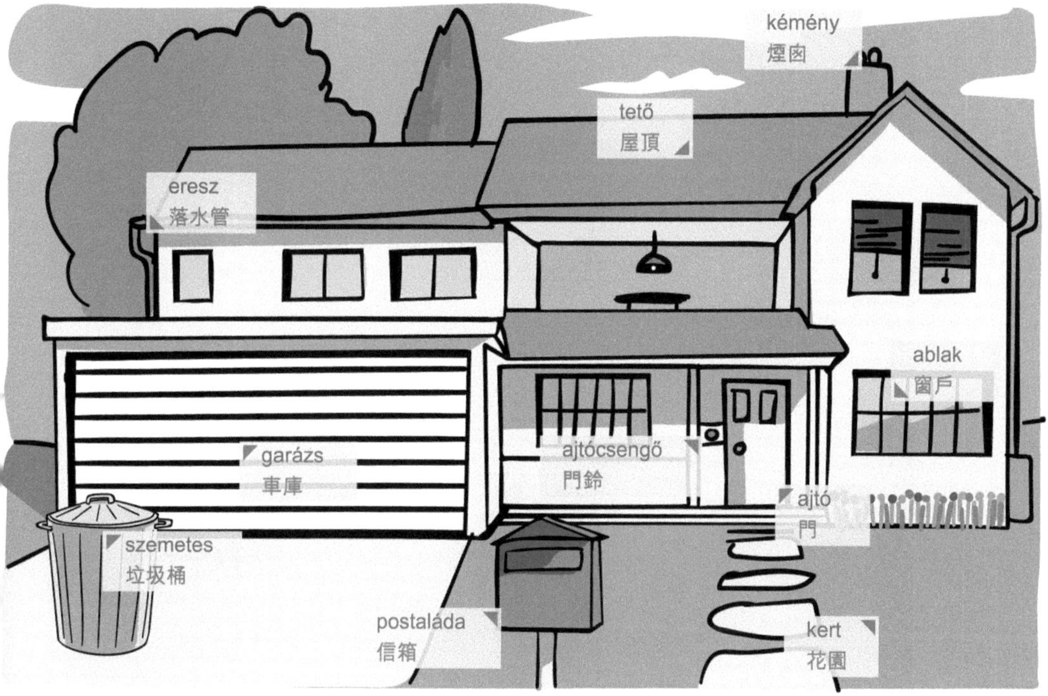

kémény
煙囪

tető
屋頂

eresz
落水管

ablak
窗戶

garázs
車庫

ajtócsengő
門鈴

ajtó
門

szemetes
垃圾桶

postaláda
信箱

kert
花園

nappali

客廳

fürdőszoba

浴室

konyha

廚房

hálószoba

臥室

gyerekszoba

兒童房

ebédlő

餐廳

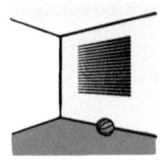

padló

地板

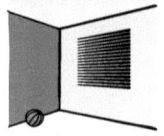

fal

牆壁

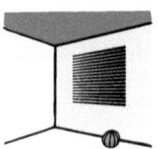

plafon

天花板

pince

地窖

szauna

三溫暖

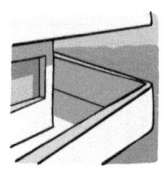

erkély

陽臺

terasz

露臺

medence

游泳池

fűnyíró

割草機

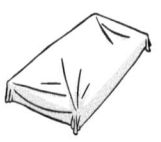

lepedő

被單

ágytakaró

床罩

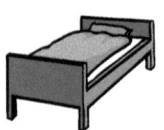

ágy

床

seprű

掃帚

vödör

水桶

kapcsoló

開關

nappali
客廳

tapéta
壁紙
kép
相片
lámpa
檯燈
polc
擱架
szekrény
櫥櫃
televízió
電視
kandalló
壁爐
virág
花
párna
墊子
kanapé
沙發
váza
花瓶
távirányító
遙控器

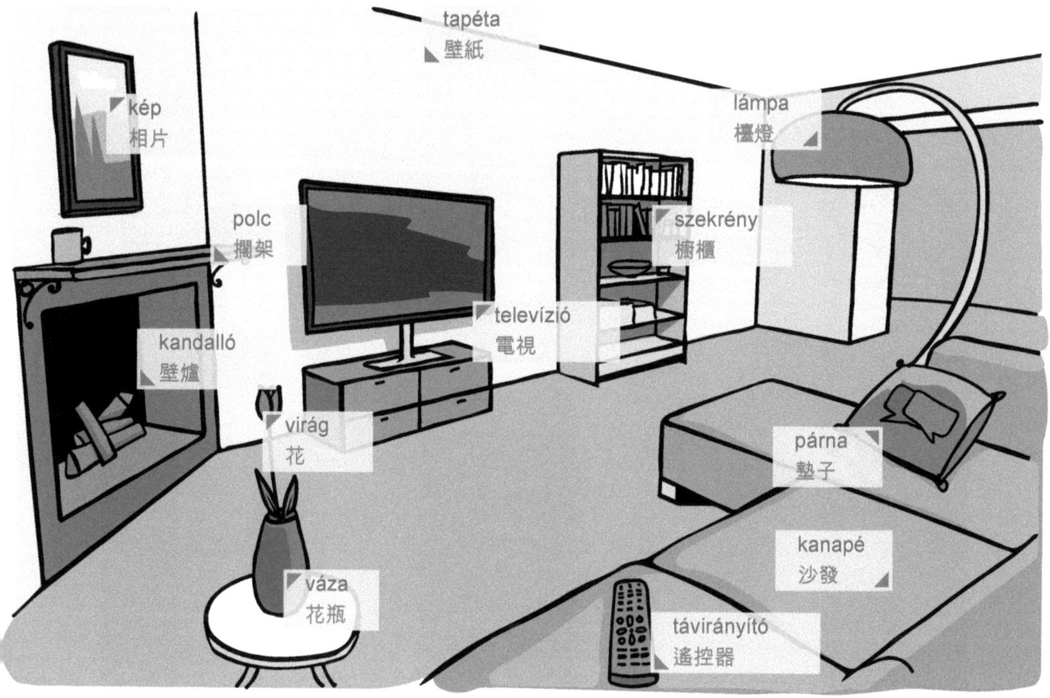

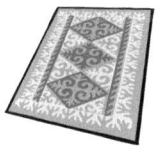

szőnyeg
地毯

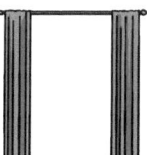

függöny
窗簾

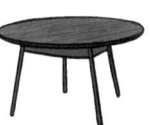

asztal
餐桌

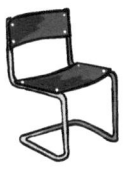

szék
椅子

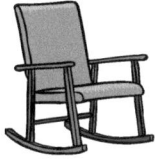

hintaszék
搖椅

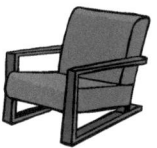

karosszék
扶手椅

könyv

書

takaró

毯子

dekoráció

裝飾品

tüzifa

木柴

film

電影

hifi

高傳真音響

kulcs

鑰匙

újság

報紙

festmény

油畫

poszter

海報

rádió

收音機

jegyzetfüzet

筆記本

porszívó

吸塵器

kaktusz

仙人掌

gyertya

蠟燭

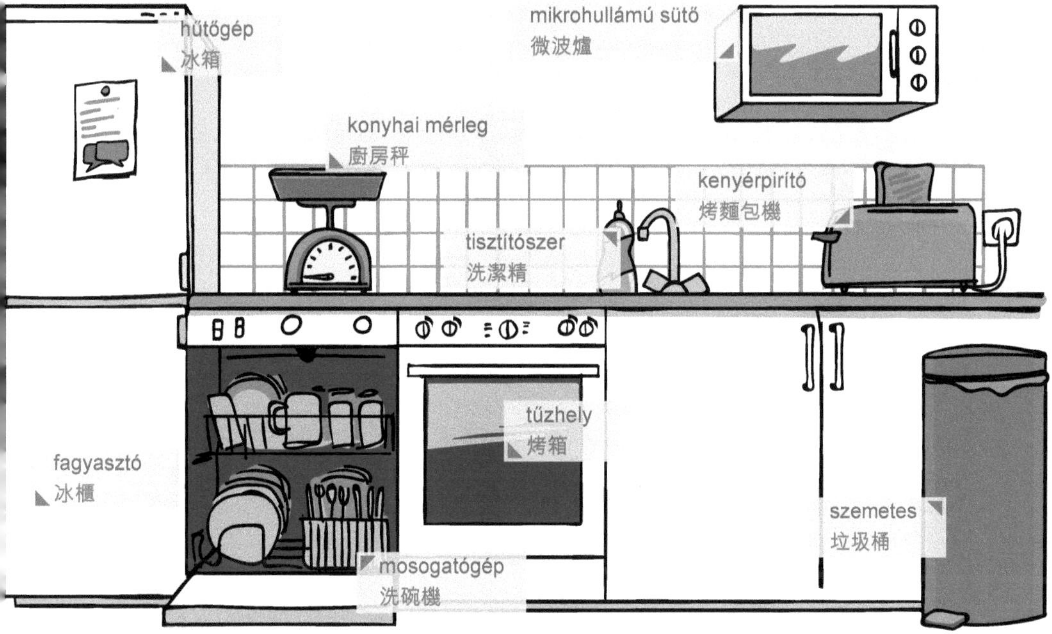

hűtőgép
冰箱

mikrohullámú sütő
微波爐

konyhai mérleg
廚房秤

kenyérpirító
烤麵包機

tisztítószer
洗潔精

tűzhely
烤箱

fagyasztó
冰櫃

szemetes
垃圾桶

mosogatógép
洗碗機

tűzhely

炊具

edény

鍋

vasfazék

鑄鐵鍋

wok / kadai

炒鍋

serpenyö

平底鍋

vízforraló

水壺

páróló

蒸鍋

tepsi

烤盤

étkészlet

陶瓷鍋

bögre

馬克杯

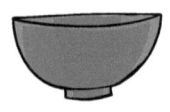

tálka

碗

evőpálcika

筷子

merőkanál

長柄勺

keverőlapátka

鏟子

habverő

攪拌器

szűrő

濾網

szita

篩子

reszelő

磨碎機

mozsár

研缽

grillsütő

燒烤

kandalló

明火

vágódeszka

菜板

sodrófa

擀麵杖

dugóhúzó

開瓶器

doboz

罐子

konzervnyitó

開罐器

edényfogó

隔熱手套

mosogató

水槽

kefe

刷子

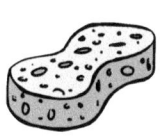

szivacs

海綿

turmixgép

攪拌機

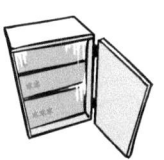

mélyhűtő

冷藏箱

cumisüveg

奶瓶

csap

水龍頭

fürdőszoba

浴室

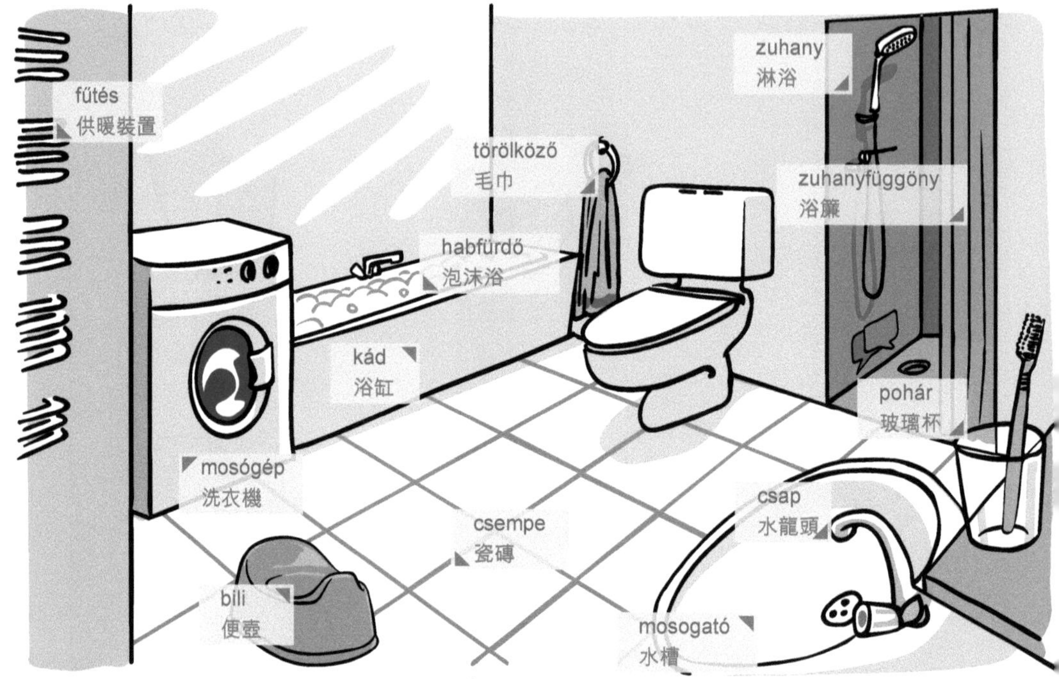

fűtés
供暖裝置
zuhany
淋浴
törölköző
毛巾
zuhanyfüggöny
浴簾
habfürdő
泡沫浴
kád
浴缸
pohár
玻璃杯
mosógép
洗衣機
csap
水龍頭
csempe
瓷磚
bili
便壺
mosogató
水槽

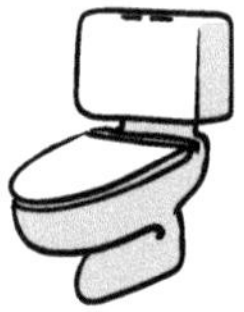

toalett

廁所

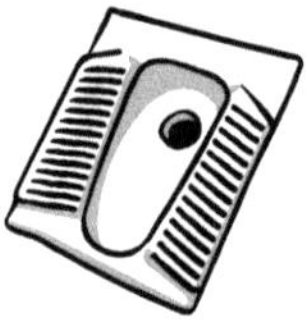

guggolós toalett

蹲便器

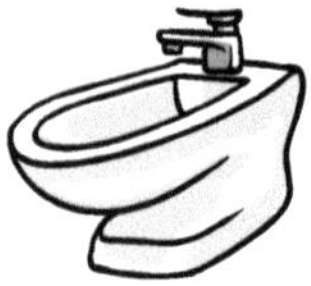

bidé

坐浴器

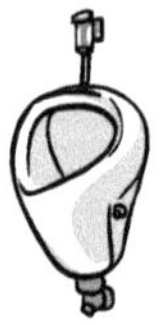

piszoár

小便斗

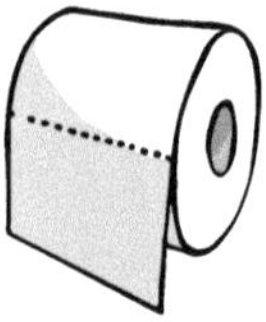

toalett papír

廁紙

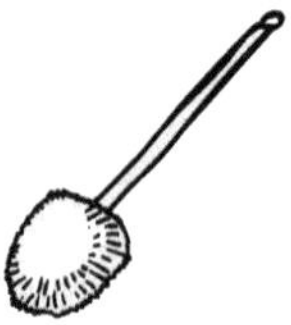

wc kefe

馬桶刷

fogkefe

牙刷

fogkrém

牙膏

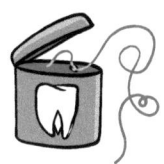

fogselyem

牙線

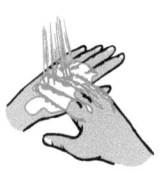

mosni

洗

kézi zuhany

手持式蓮蓬頭

intimzuhany

沖洗器

mosdótál

洗臉盆

hátmosó kefe

洗背刷

szappan

肥皂

tusfürdő

沐浴露

sampon

洗髮乳

mosdókesztyű

法蘭絨

lefolyó

排水

krém

乳霜

dezodor

除臭劑

tükör

鏡子

kézitükör

手鏡

borotva

刮鬍刀

borotvahab

刮鬍泡沫

borotválkozás utáni arcszesz

鬚後水

fésű

梳子

hajkefe

刷子

hajszárító

吹風機

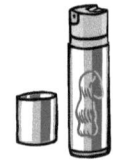

hajlakk

噴髮定型劑

smink

化妝品

ajakrúzs

唇膏

körömlakk

指甲油

vatta

化妝棉

körömvágó olló

指甲剪

parfüm

香水

neszesszer

洗漱包

sámli

凳子

mérleg

計重秤

köntös

浴袍

gumikesztyű

橡膠手套

tampon

衛生棉條

egészségügyi betét

衛生棉

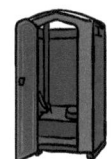

vegyi WC

化學廁所

fürdőszoba - 浴室

gyerekszoba
兒童房

ébresztő óra
鬧鐘
plüssállat
毛絨玩具
játékautó
玩具車
csörgő
撥浪鼓
babaház
玩具屋
ajándék
禮物

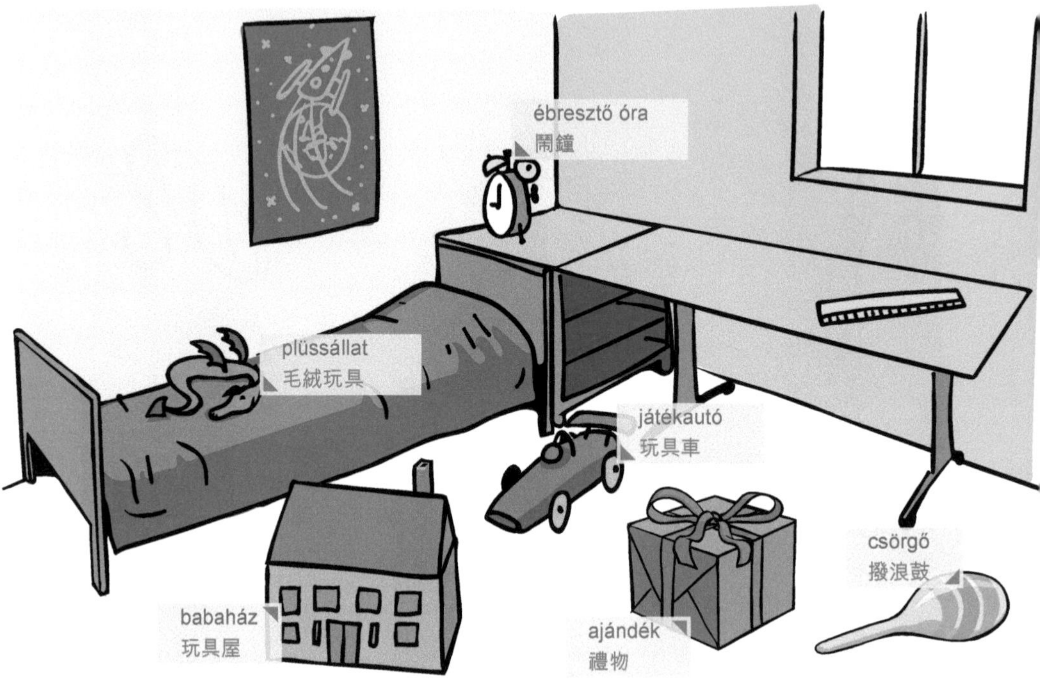

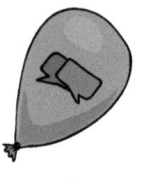

lufi

氣球

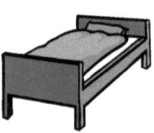

ágy

床

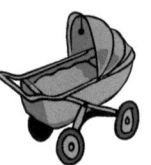

babakocsi

嬰兒車

kártyapakli

撲克牌

kirakós játék

拼圖

SUPER
MEGA

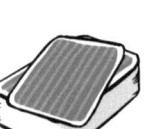

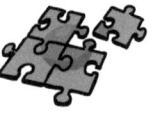

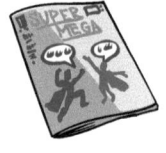

képregény

漫畫

építőkockák

樂高積木

építőelem

積木玩具

szuperhős

公仔

rugdalózó

嬰兒服

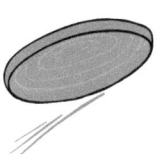

frizbi

飛盤

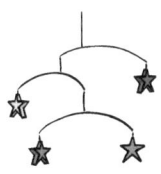

zenélő forgó

床鈴玩具

társasjáték

棋盤遊戲

kocka

骰子

modellvasút

火車模型

cumi

安撫奶嘴

zsúr

派對

képeskönyv

繪本

labda

球

baba

洋娃娃

játszani

玩

homokozó

沙坑

hinta

鞦韆

játékok

玩具

videójáték konzol

電玩遊戲

tricikli

三輪車

teddi maci

泰迪熊

ruhásszekrény

衣櫃

ruházat

衣服

zokni

襪子

harisnya

長襪

harisnyanadrág

緊身褲

sál
圍巾

öv
皮帶

esernyő
雨傘

póló
T恤

tornacipő
運動鞋

csizma
靴子

papucs
拖鞋

szandál
涼鞋

cipő
鞋

gumicsizma
雨靴

alsónadrág
內褲

melltartó
胸罩

mellény
背心

body

身體

nadrág

褲子

farmer

牛仔褲

szoknya

短裙

blúz

女式襯衫

ing

襯衫

pulóver

套頭衫

kapucnis pulóver

連帽上衣

blézer

西裝夾克

dzseki

夾克

kabát

外套

esőkabát

雨衣

kosztüm

套裝

ruha

連衣裙

esküvői ruha

婚紗

öltöny

西裝

hálóing

睡袍

pizsama

睡衣

szári

莎麗

fejkendő

頭巾

turbán

包頭巾

burka

波卡

kaftán

卡夫坦

abaya

(阿拉伯式)長袍

fürdőruha

泳衣

fürdőnadrág

男式泳褲

rövidnadrág

短褲

tréningruha

運動服

kötény

圍裙

kesztyű

手套

gomb

鈕扣

szemüveg

眼鏡

karkötő

手鏈

nyaklánc

項鍊

gyűrű

戒指

fülbevaló

耳環

sapka

便帽

vállfa

衣架

kalap

帽子

nyakkendő

領帶

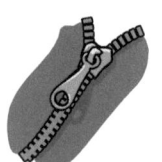

cipzár

拉鍊

bukósisak

安全帽

nadrágtartó

背帶

iskolai egyenruha

校服

egyenruha

制服

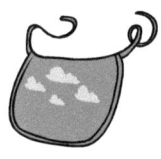

előke

圍兜

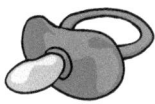

cumi

安撫奶嘴

pelenka

尿布

iroda

辦公室

szerver
伺服器
irattartó szekrény
檔案櫃
papír
紙
nyomtató
印表機
képernyő
螢幕
egér
滑鼠
íróasztal
辦公桌
mappa
資料夾
billentyűzet
鍵盤
papír-hulladék gyűjtő
廢紙簍
számítógép
電腦
szék
椅子

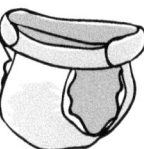

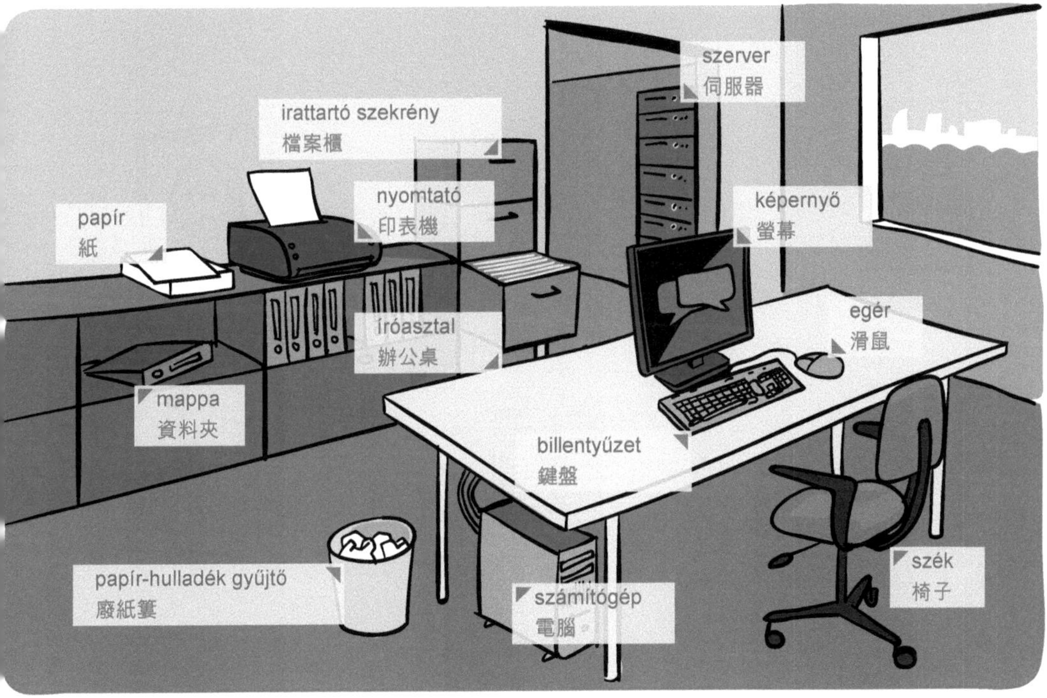

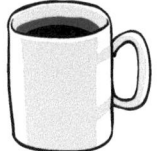

kávéscsésze

咖啡杯

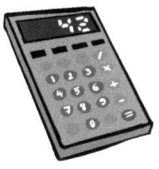

számológép

計算機

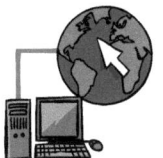

internet

網際網路

laptop

筆記型電腦

levél

信件

üzenet

簡訊

mobiltelefon

行動電話

hálózat

網路

fénymásoló

影印機

szoftver

軟體

telefon

電話

konnektor

插座

faxgép

傳真機

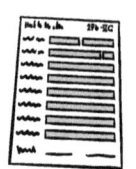

formanyomtatvány

表格

dokumentum

檔案

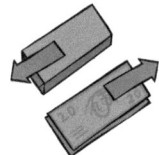

venni

買

fizetni

付錢

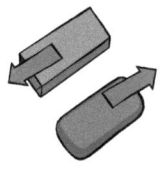

kereskedni

交易

pénz

現金

dollár

美元

euró

歐元

jen

日元

rubel

盧布

svájci frank

瑞士法郎

kínai jüan

人民幣

rúpia

盧比

bankautomata

提款處

valutaváltó iroda

外幣兌換處

arany

金

ezüst

銀

olaj

石油

energia

能源

ár

價格

szerződés

合約

adó

稅金

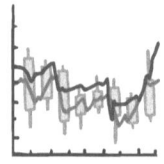

részvény

股票

dolgozni

工作

munkavállaló

職員

munkaadó

老闆

gyár

工廠

üzlet

商店

rendőr
警官

tűzoltó
消防員

szakács
廚師

orvos
醫師

pilóta
飛行員

kertész

園丁

kárpitos

木匠

varrónő

裁縫

bíró

法官

vegyész

化學家

színész

演員

buszsofőr

公車司機

taxisofőr

計程車司機

halász

漁夫

bejárónő

清洗女工

tetőfedő

屋頂工

pincér

服務生

vadász

獵人

festő

畫家

pék

麵包師

villanyszerelő

電工

építőmunkás

建築工人

mérnök

工程師

hentes

屠夫

vízvezeték-szerelő

水管工

postás

郵差

katona

士兵

építész

建築師

eladó

收銀員

virágos

花農

fodrász

理髮師

kalauz

售票員

műszerész

機械技師

kapitány

船長

fogorvos

牙醫

tudós

科學家

rabbi

拉比

imám

伊瑪目

szerzetes

和尚

lelkész

牧師

szerszámok

工具

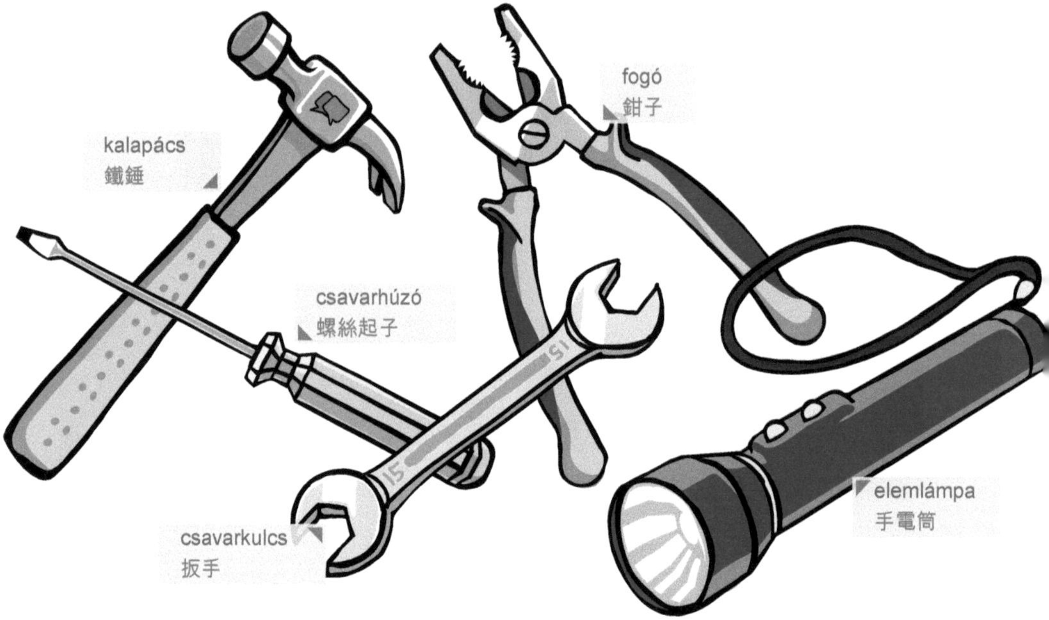
fogó
鉗子
kalapács
鐵錘
csavarhúzó
螺絲起子
elemlámpa
手電筒
csavarkulcs
扳手

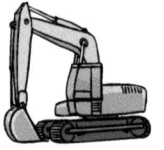

markológép

挖掘機

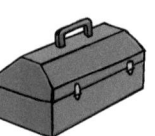

szerszámosláda

工具箱

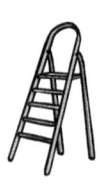

vödör

梯子

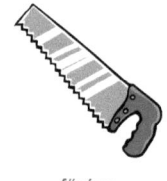

fűrész

鋸子

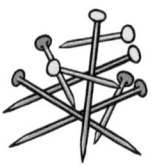

szög

釘子

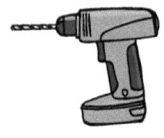

fúrógép

鑽機

megjavítani

修

lapát

鏟子

A francba!

糟糕！

szemétlapát

畚箕

festékesdoboz

油漆桶

csavar

螺絲

hangszerek

樂器

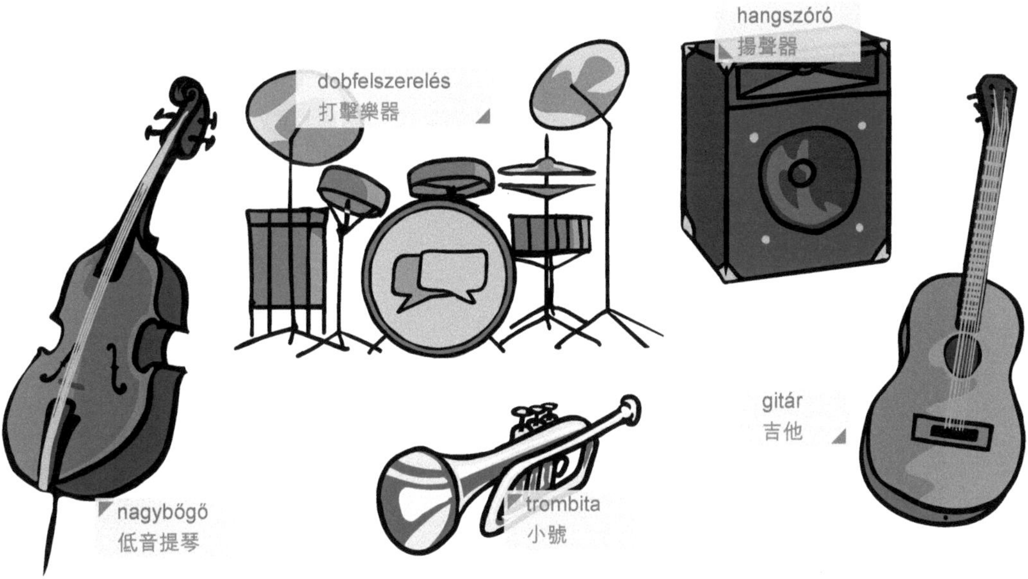

hangszóró
揚聲器

dobfelszerelés
打擊樂器

gitár
吉他

nagybőgő
低音提琴

trombita
小號

zongora

鋼琴

hegedű

小提琴

basszusgitár

貝斯

üstdob

定音鼓

dobok

鼓

digitális zongora

電子琴

szaxofon

薩克斯風

fuvola

長笛

mikrofon

麥克風

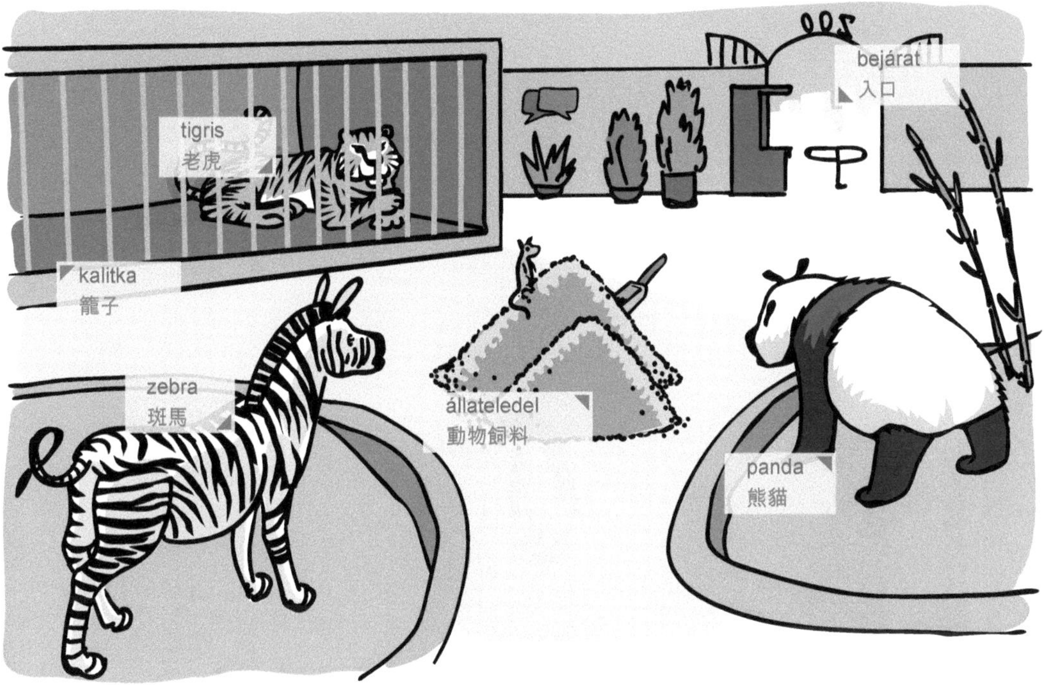

ZOO
bejárat
入口
tigris
老虎
kalitka
籠子
zebra
斑馬
állateledel
動物飼料
panda
熊貓

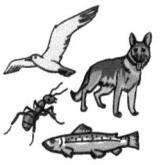

állatok
動物

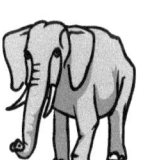

elefánt
大象

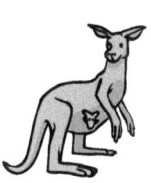

kenguru
袋鼠

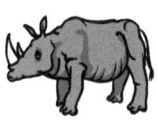

orrszarvú
犀牛

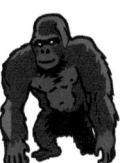

gorilla
大猩猩

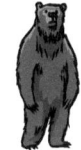

medve
熊

teve

駱駝

strucc

鴕鳥

oroszlán

獅子

majom

猴子

flamingó

紅鶴

papagáj

鸚鵡

jegesmedve

北極熊

pingvin

企鵝

cápa

鯊魚

páva

孔雀

kígyó

蛇

krokodil

鱷魚

állatgondozó

動物園管理員

fóka

海豹

jaguár

美洲豹

póniló

矮種馬

leopárd

豹

víziló

河馬

zsiráf

長頸鹿

sas

老鷹

vaddisznó

野豬

hal

魚

teknős

龜

rozmár

海象

róka

狐狸

gazella

羚羊

állatkert - 動物園

amerikai futball
橄欖球

kerékpározás
騎腳踏車

tenisz
網球

kosárlabda
籃球

úszás
游泳

boksz
拳擊

jégkorong
冰球

futball
美式足球

tollas
羽毛球

atlétika
田徑

kézilabda
手球

síelés
滑雪

lovaspóló
馬球

ugrani
跳

nevetni
笑

ölelni
擁抱

sétálni
走路

énekelni
唱

álmodni
做夢

dicsérni
祈禱

csókolni
親吻

írni
書寫

rajzolni
畫

mutatni
展示

tolni
推

adni
給

vinni
拿

birtokolni

有

csinálni

做

lenni

當

állni

站

futni

跑

húzni

拉

hajít

丟

esni

摔倒

hazudni

躺

várni

等待

vinni

攜帶

ülni

坐

felvenni

穿衣

aludni

睡覺

felébredni

醒來

ránézni

看

sírni

哭

simogat

擊

fésülni

梳頭

beszélni

交談

megérteni

明白

kérdezni

問

hallgatni

聽

inni

喝

enni

吃

takarítani

清理

szeretni

愛

főzni

做飯

vezetni

開車

szállni

飛

vitorlázni

航行

számol

計算

olvasni

讀

tanulni

學習

dolgozni

工作

házasodni

結婚

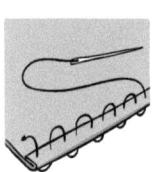

varrni

縫

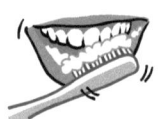

fogat mosni

刷牙

ölni

殺

dohányozni

抽菸

küldeni

寄

tevékenységek - 活動

nagymama
祖母

nagypapa
祖父

apa
父親

anya
母親

kisbaba
嬰兒

lány
女兒

fiú
兒子

vendég

客人

nagynéni

阿姨

nagybácsi

叔叔

fiútestvér

兄弟

lánytestvér

姐妹

test

身體

homlok
前額
szem
眼睛
arc
臉
áll
下巴
mell
乳房
ujj
手指
kéz
手
kar
手臂
váll
肩膀
láb
腿

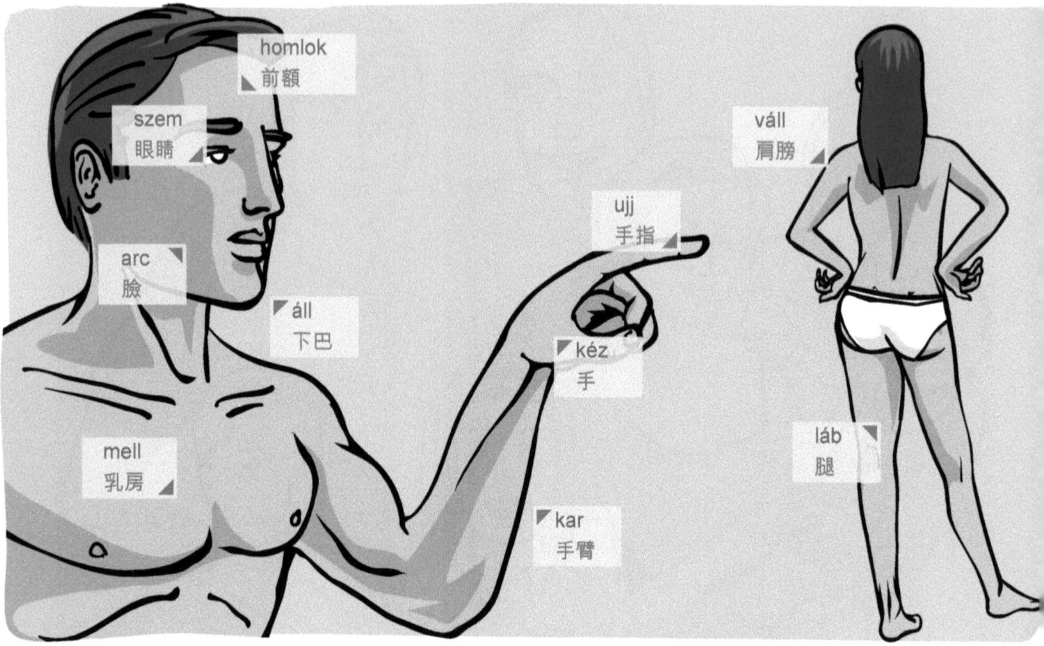

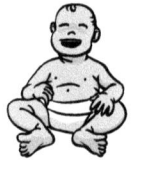

kisbaba

嬰兒

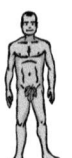

ember

男人

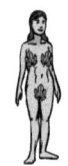

nő

女人

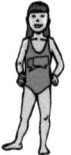

lány

女孩

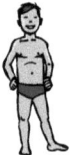

fiú

男孩

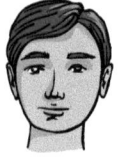

fej

頭

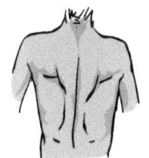

hát

背部

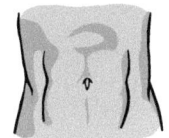

has

肚子

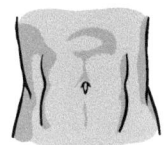

köldök

肚臍

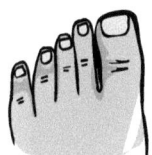

lábujj

腳趾

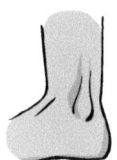

sarok

腳後跟

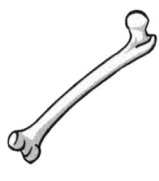

csont

骨頭

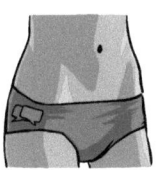

csípő

臀部

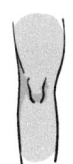

térd

膝蓋

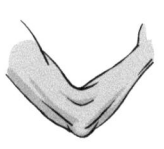

könyök

手肘

orr

鼻子

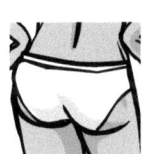

fenék

屁股

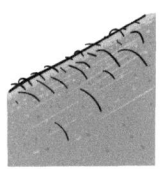

bőr

皮膚

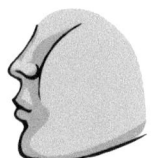

orca

臉頰

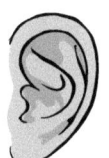

fül

耳朵

ajak

嘴唇

száj

嘴

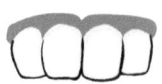

fog

牙齒

nyelv

舌頭

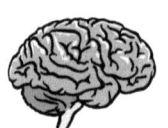

agy

腦

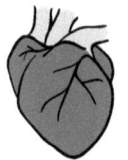

szív

心臟

izom

肌肉

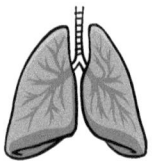

tüdő

肺

máj

肝臟

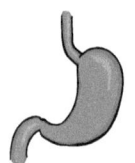

gyomor

胃

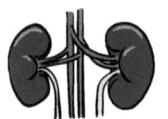

vese

腎臟

szex

性交

kondom

保險套

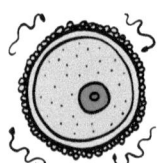

petesejt

卵子

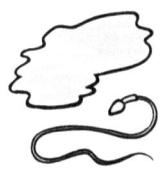

sperma

精子

terhesség

懷孕

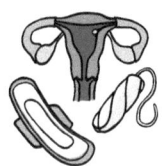

menstruáció

月事

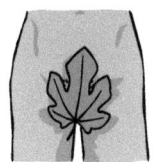

vagina

陰道

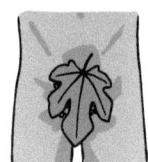

pénisz

陰莖

szemöldök

眉毛

haj

頭髮

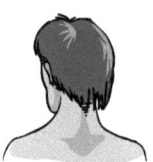

nyak

脖子

kórház
醫院

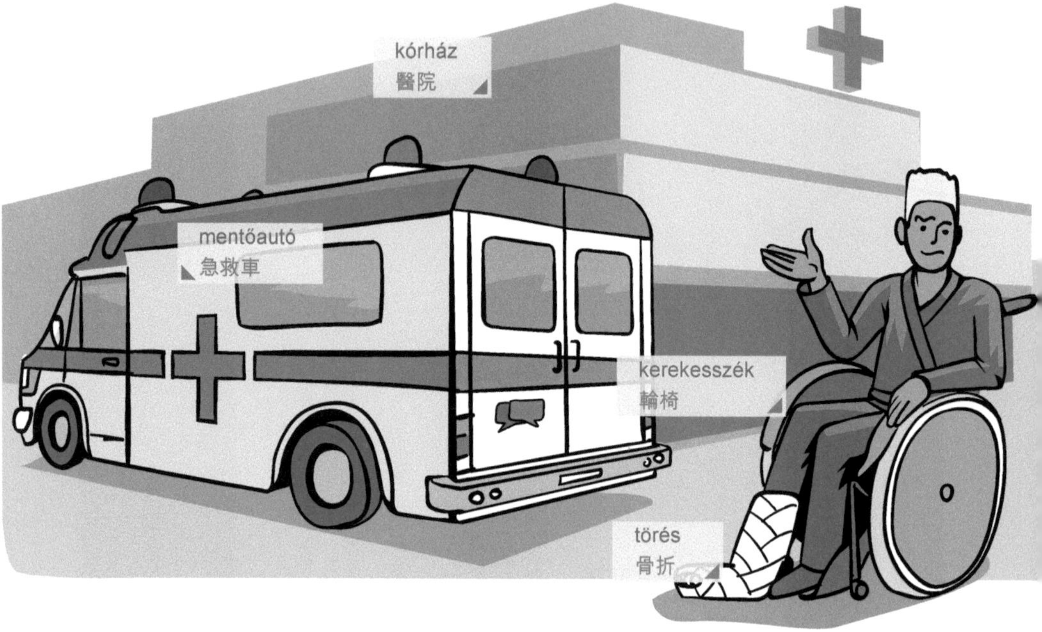

kórház
醫院
mentőautó
急救車
kerekesszék
輪椅
törés
骨折

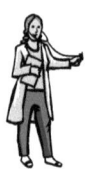

orvos
醫師

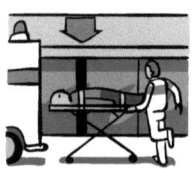

sürgősségi osztály
急診室

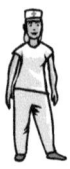

ápoló
護理師

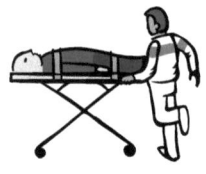

vészhelyzet
緊急情形

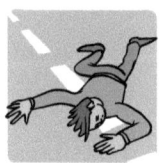

eszméletlen
昏迷

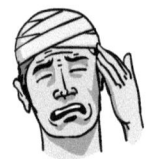

fájdalom
痛

sérülés

受傷

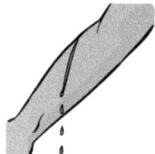

vérzés

出血

szívroham

心臟病發作

szélütés

中風

allergia

過敏

köhögés

咳嗽

láz

發燒

influenza

流感

hasmenés

腹瀉

fejfájás

頭痛

rák

癌症

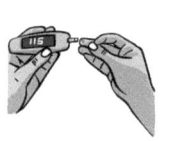

cukorbetegség

糖尿病

sebész

外科醫師

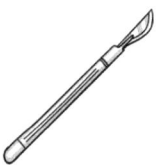

szike

手術刀

műtét

手術

CT

電腦斷層掃描

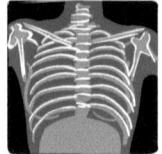

röntgen

X光

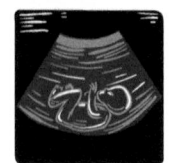

ultrahang

超音波

arcmaszk

口罩

betegség

疾病

váróterem

候診室

mankó

拐杖

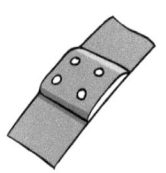

sebtapasz

石膏

kötszer

繃帶

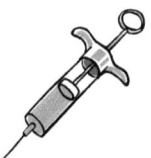

injekció

注射

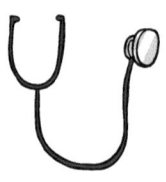

sztetoszkóp

聽診器

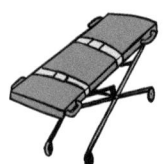

hordágy

擔架

klinikai hőmérő

體溫計

születés

出生

túlsúly

超重

74   kórház - 醫院

hallókészülék

助聽器

fertőtlenítőszer

消毒液

fertőzés

感染

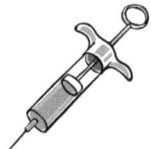

vírus

病毒

HIV/AIDS

愛滋病

orvosság

藥物

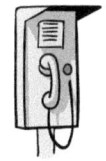

oltás

接種疫苗

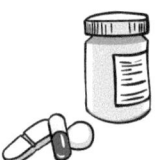

tabletták

藥片

tabletta

藥丸

sürgősségi hívás

急救電話

vérnyomásmérő

血壓計

betegség / egészség

生病/健康

Segítség!

救命！

riasztás

警報

rajtaütés

突擊

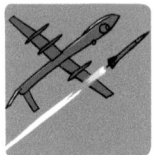

támadás

攻擊

veszély

危險

vészkijárat

緊急出口

tűz!

失火了！

tűzoltókészülék

滅火器

baleset

意外

elsősegélycsomag

急救箱

SOS

呼救訊號

rendőrség

員警

Európa

歐洲

Észak-Amerika

北美洲

Dél-Amerika

南美洲

Afrika

非洲

Ázsia

亞洲

Ausztrália

澳洲

Atlanti-óceán

大西洋

Csendes-óceán

太平洋

Indiai-óceán

印度洋

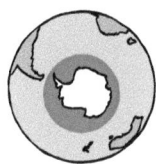

Déli-óceán

南冰洋

Jeges-tenger

北冰洋

Északi-sark

北極

Déli-sark

南極

Antarktisz

南極洲

föld

地球

szárazföld

陸地

tenger

海

sziget

島

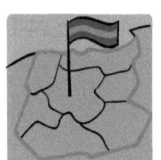

nemzet

國家

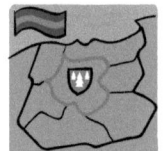

állam

州

számlap

錶盤

kismutató

時針

nagymutató

分針

másodpercmutató

秒針

Mennyi az idő?

現在幾點？

nap

天

idő

時間

most

現在

digitális óra

電子錶

perc

分

óra

時

hét
週

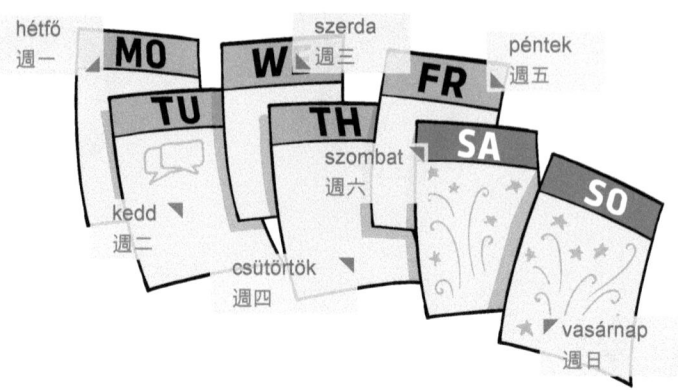

hétfő 週一
szerda 週三
péntek 週五
MO
TU
W
TH
FR
SA
SO
kedd 週二
szombat 週六
csütörtök 週四
vasárnap 週日

tegnap

昨天

ma

今天

holnap

明天

reggel

早晨

dél

中午

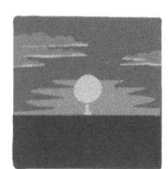

este

晚上

MO	TU	WE	TH	FR	SA	SU
1	2	3	4	5	6	7
8	9	10	11	12	13	14
15	16	17	18	19	20	21
22	23	24	25	26	27	28
29	30	31	1	2	3	4

hétköznap

工作日

MO	TU	WE	TH	FR	SA	SU
1	2	3	4	5	6	7
8	9	10	11	12	13	14
15	16	17	18	19	20	21
22	23	24	25	26	27	28
29	30	31	1	2	3	4

hétvége

週末

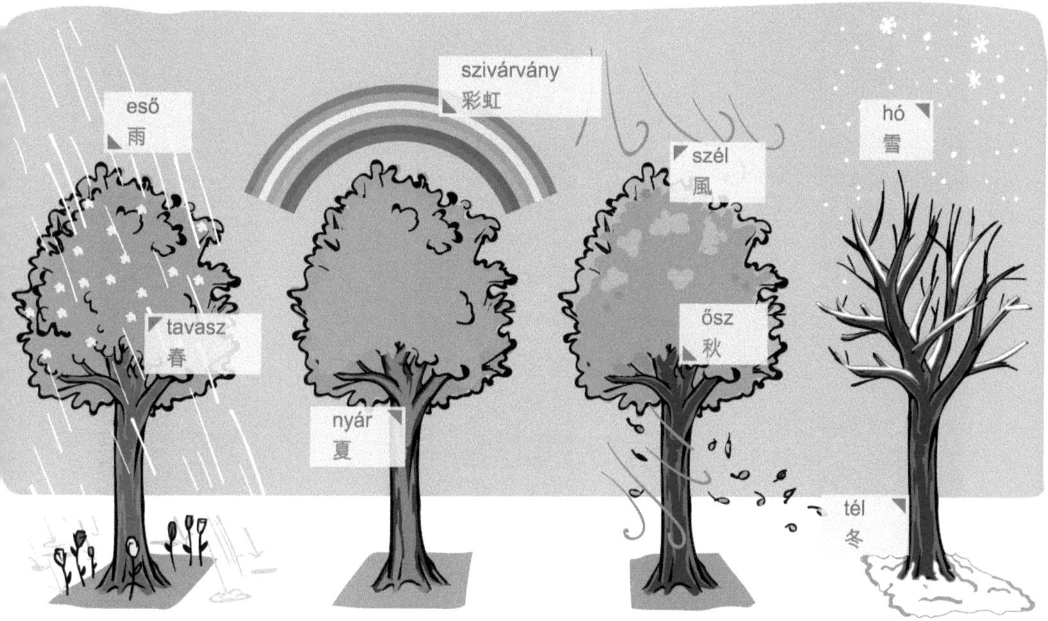

eső
雨

szivárvány
彩虹

szél
風

hó
雪

tavasz
春

nyár
夏

ősz
秋

tél
冬

időjárás előrejelzés

天氣預告

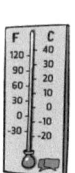

hőmérő

溫度計

napsütés

陽光

felhő

雲

köd

霧

páratartalom

潮濕

villámlás

閃電

mennydörgés

打雷

vihar

風暴

jégeső

冰雹

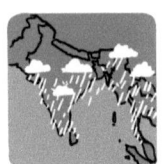

monszun

季風

áradás

洪水

jég

冰

január

一月

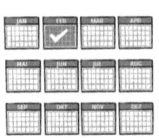

február

二月

március

三月

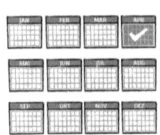

április

四月

május

五月

június

六月

július

七月

augusztus

八月

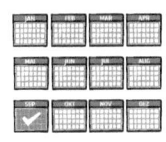

szeptember

九月

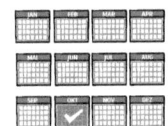

október

十月

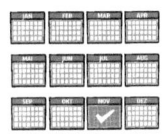

november

十一月

december

十二月

alakzatok
形狀

kör

圓形

négyzet

正方形

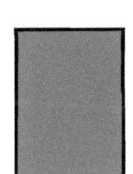

téglalap

長方形

háromszög

三角形

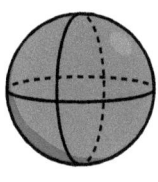

gömb

球體

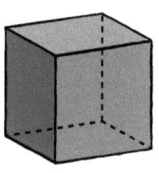

kocka

立方體

fehér

白

sárga

黃

narancs

橙

rózsaszín

粉

piros

紅

lila

紫

kék

藍

zöld

綠

barna

棕

szürke

灰

fekete

黑

sok / kevés

很多/少許

mérges / nyugodt

生氣/平靜

szép / csúnya

美/醜

kezdet / vég

首/尾

nagy / kicsi

大/小

világos / sötét

明/暗

fivér / nővér

兄弟/姐妹

tiszta / koszos

乾淨/骯髒

teljes / nem teljes

完整/缺失

nappal / éjszaka

白天/晚上

halott / élő

死/生

széles / keskeny

寬/窄

ehető / nem ehető

可食用/非食用

gonosz / kedves

邪惡/善良

izgatott / unott

興奮/無聊

kövér / vékony

胖/瘦

első / utolsó

第一/最後

barát / ellenség

朋友/敵人

teli / üres

滿/空

kemény / puha

硬/軟

nehéz / könnyű

重/輕

éhség / szomjúság

餓/渴

betegség / egészség

生病/健康

illegális / legális

非法/合法

intelligens / buta

聰明/愚笨

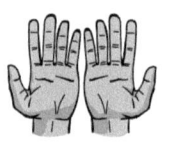

bal / jobb

左/右

közel / távol

近/遠

új / használt

新/舊

semmi / valami

沒有/有些

idős / fiatal

老/幼

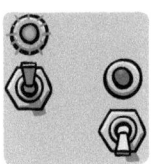

be / ki

開/關

nyitva / zárva

打開/闔上

csendes / hangos

安靜/吵鬧

gazdag / szegény

富/窮

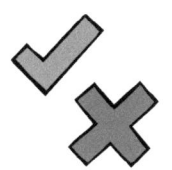

helyes / helytelen

對/錯

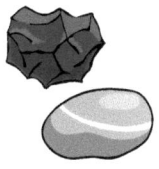

érdes / sima

粗糙/光滑

szomorú / vidám

傷心/高興

rövid / hosszú

短/長

lassú / gyors

慢/快

nedves / száraz

濕/乾

meleg / hideg

溫暖/涼爽

háború / béke

戰爭/和平

0

nulla

零

1

egy

一

2

kettő

二

3

három

三

4

négy

四

5

öt

五

6

hat

六

7

hét

七

8

nyolc

八

9

kilenc

九

10

tíz

十

11

tizenegy

十一

12
tizenkettő
十二

13
tizenhárom
十三

14
tizennégy
十四

15
tizenöt
十五

16
tizenhat
十六

17
tizenhét
十七

18
tizennyolc
十八

19
tizenkilenc
十九

20
húsz
二十

100
száz
百

1.000
ezer
千

1.000.000
millió
百萬

angol

英語

amerikai angol

美式英語

mandarin kínai

普通話

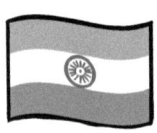

hindi

印地語

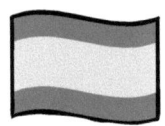

spanyol

西班牙語

francia

法語

arab

阿拉伯語

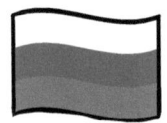

orosz

俄語

portugál

葡萄牙語

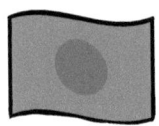

bengáli

孟加拉語

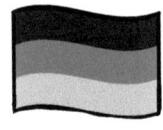

német

德語

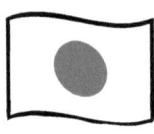

japán

日語

én

我

te

你

ő

他/她/它

mi

我們

ti

你們

ök

他們

ki?

誰？

mi?

什麼？

hogyan?

如何？

hol?

何處？

mikor?

何時？

név

名字

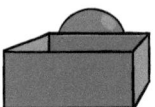

mögött

後面

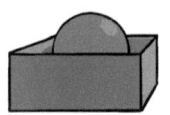

benne

裡面

előtte

前面

felette

上方

rajta

上面

alatta

下麵

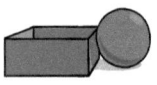

mellett

旁邊

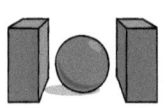

között

中間

hely

地點